Tim Turtel

Die Geschichte einer kleinen Meeresschildkröte

Danksagung

Ohne meine Tochter
wäre dieses kleine Buch nicht entstanden.

Und ohne meinen Mann
hätte ich meinen Mut nicht gefunden, es zu schreiben.

Impressum

1. Auflage 2023

ISBN 978-3-911121-00-2
Selbstverlag
Autorin - Doris Kluin

Doris Kluin
c/o IP-Management #20389
Ludwig-Erhard-Str. 18
20459 Hamburg
Pakete und Päckchen können leider nicht angenommen werden.

© Copyright Doris Kluin. Alle Rechte vorbehalten!

Lektorat - www.mentorium.de
Mediendesign, Retusche & AI prompting - Doris Kluin
e-Mail - Doris.KluinDE@gmail.com

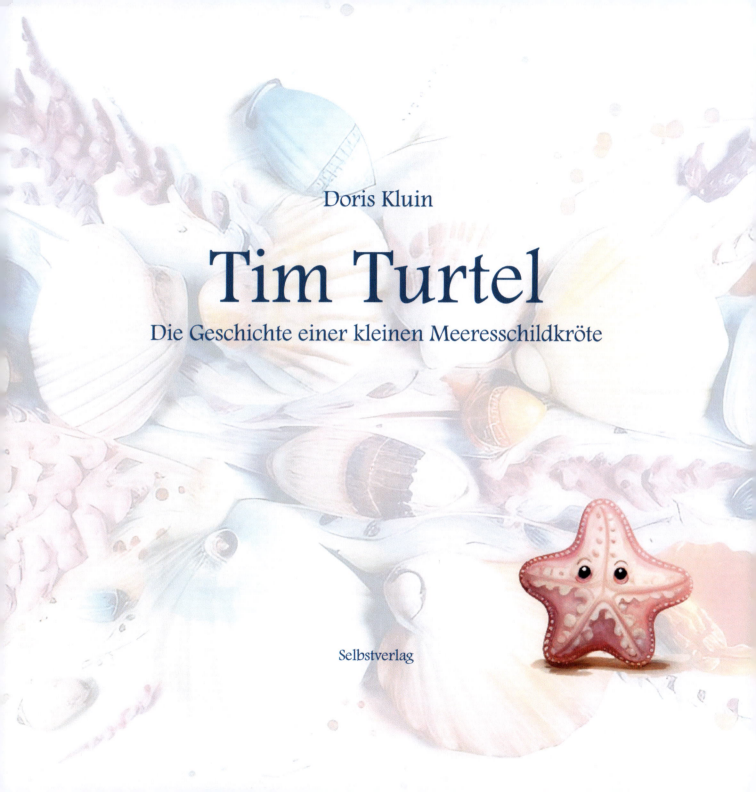

Doris Kluin

Tim Turtel

Die Geschichte einer kleinen Meeresschildkröte

Selbstverlag

Schön, dass Du da bist und Dir meine Geschichte
anhören magst.
Wo beginne ich?
Ah, ja, bei Tim, Tim Turtel.
Tim ist eine Meeresschildkröte.
Aus der Familie der Reptilien.
Sie brauchen die Wärme der Umgebung.
Anders als Säugetiere. Die können sich von alleine
warmhalten. Meeresschildkröten sind wie normale
Schildkröten, die an Land leben, nur sind hier
die Beine die Flossen und sie leben im Meer.
Tatsächlich beginnt auch das Leben von Tim
an Land. An einem wunderschönen Strand
in der Karibik. Die Mama von Tim kommt in einer
Sommernacht an den Strand und legt ihre Eier
in eine Kuhle in den weichen Sand, die sie selbst
gegraben hatte. Sie deckt die Eier mit Sand zu.
Dann geht sie zurück in den Ozean.
Die Sonne brütet die Eier am Strand aus.
Was sie werden, ob Junge oder Mädchen,
bestimmt die Temperatur.
Ist es wärmer, werden es Mädchen,
wenn es etwas kühler ist, werden es Jungen.
So funktioniert das bei Meeresschildkröten.

In dem Nest liegen ungefähr achtzig Eier,
welche die Mutter hineingelegt hatte.
Und in den Eiern passiert jetzt ein Wunder.
Das Wunder des Lebens.
Kleine Schildkrötenbabys wachsen langsam heran.
Die Eier enthalten alles, was sie brauchen.
Aus dem Eiweiß entsteht das Schildkrötenbaby.
Für die ersten Tage nach dem Schlupf haben
sie einen Snack dabei. Das Eidotter.
Das ist gut verpackt im Dottersack.
Dann ist es endlich so weit.

Es hat lange genug gedauert!
Die Meeresschildkröten schlüpfen im Schutz
der Dunkelheit. Tief in der Nacht. Und häufig bei
Vollmond, damit sie wenigstens etwas sehen können
und vor Feinden geschützt sind.
In den Eiern rappelt es und mit einem kleinen
Hornplättchen an ihrer Oberlippe können
die Kleinen die Eischale aufschlitzen.
Auch Tim ist dabei, sich aus dem Ei zu pellen.
Und er macht seine Sache hervorragend.
Er ist so winzig, kaum sechs Zentimeter
vom Kopf bis zum Popo.

Die Nacht ist wie eine schützende Bettdecke.
Unser Tim ist schon ganz müde geworden von
der harten Arbeit. Er braucht eine kleine Pause,
bevor er weitermachen kann.
Ein Gefühl zieht ihn in Richtung Wasser.
Er hört das Meeresrauschen und weiß sofort,
wohin er laufen muss. Ist das aufregend!
Laufen ist nicht ganz richtig gesagt, denn er hat
Flossen. Und die machen es ihm schwer, im weichen
Sand. Tim schiebt und schiebt sich vorwärts.
Das ist anstrengend!
Tim schiebt sich tapfer Stück für Stück zum Meer.
Der Sand unter ihm wird plötzlich feucht und fester.
So kann er besser und vor allem schneller vorankommen.
Er weiß nicht warum, aber er muss sich beeilen.
Bevor es hell wird.
Bevor die Sonne aufgeht.

Eine Welle erfasst ihn und schiebt ihn zurück.
Und Tim denkt, dass er noch einmal so viel
robben muss. Aber Nein.
Die Welle zieht ihn zurück ins tiefere Wasser.
Was für ein Glück hat unser kleiner Tim Turtel.
Schwimmen ist so viel einfacher als zu laufen.

Die Nacht geht schnell vorbei. Und die Sonne steigt
am Himmel auf. Alles wird hell und Tim blickt zurück
zum Strand. Dort sieht er eine rote Krabbe.
Sie ruft ihm zu: „Hey, Du, komm zu mir zurück!"
Und sie fuchtelt wild mit ihren Armen,
sodass die großen Scheren ganz laut klappern.
Doch Tim reagiert nicht. Er guckt nur und versucht
zu verstehen, was das rote Ding da ist.
„Komm wieder zurück, kleine Meeresschildkröte!",
ruft sie. Und sie klapperte noch viel lauter mit ihren
scharfen, großen Scheren.
„Wer bist Du denn?", fragt Tim.
„Ich bin Corallina, die Krabbe. Ich habe Hunger,
komm doch zu mir rüber. Wir können essen
und zusammen etwas spielen."
Doch Tim ist nicht dumm.
Er hat einen Instinkt, der ihn vor Gefahren warnt.
Ein Bauchgefühl.
Vielleicht kennst Du das auch?
„Nein, Danke, Deine Scheren sehen gefährlich aus.
Und ich habe keinen Hunger", antwortet er.
Dann taucht er schnell ab.
Weit weg von der großen roten Krabbe
mit den gefährlichen scharfen Scherenhänden.

Tauchen zu lernen, ist die erste Aufgabe für Tim.
Und herauszufinden, wie lange die Luft hält,
die er an der Oberfläche tankt.
Das geht sehr gut und er kann sehr lange unter Wasser
bleiben. Er schwimmt gut gelaunt weiter auf ein paar
große Meeresschildkröten zu.
Sie sehen aus wie er.
Nur viel, viel größer.
„Hallo Kleiner!", ruft ihm eine der Meeresschildkröten
zu, „Sei vorsichtig und tauche lieber etwas tiefer.
Hier gibt es viele große Tiere, die dich gerne zum
Frühstück verspeisen wollen."
„Danke für den Tipp! Ich bin der Tim. Wohin seid ihr
denn unterwegs?"
„Hallo, kleiner Tim. Wir sind auf einer langen Reise
durch den Ozean. Zu den grünen Seegraswiesen
wo wir die nächsten Monate leben werden."
„Kann ich mitkommen?", fragt Tim.
„Nein, Du bist noch zu klein und zu langsam.
Bleibe besser hier und warte, bis Du größer
geworden bist. Und pass gut auf dich auf, kleiner Tim!"
Traurig sieht er ihnen nach, wie sie im Blau
des Meeres verschwinden.
Er wäre so gerne mit ihnen gekommen.

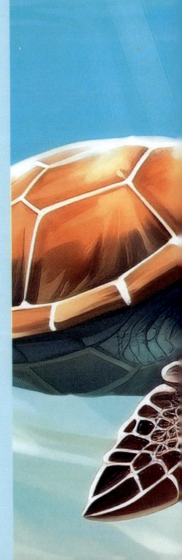

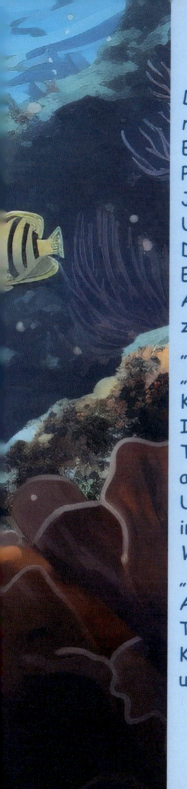

Der Rat der erwachsenen Schildkröten ist bestimmt richtig, denkt Tim.
Er holt wieder kurz an der Oberfläche eine große Portion Luft und taucht ab ins Meer.
Je tiefer er kommt, desto dunkler wird das Wasser.
Und er spürt, wie etwas um ihn herum ihn sanft drückt.
Das ist der Wasserdruck und ganz normal.
Er sieht plötzlich ein großes weiches Ding mit vielen Armen. Eins, zwei, drei, weiter kann Tim noch nicht zählen. „Wer bist Du denn?", fragt der Fremde.
„Ich bin der Tim", antwortet er.
„Hallo Tim. Du bist eine mutige Meeresschildkröte. Komm doch mal näher ran, ich kann nicht so gut hören. Ich bin der Oliver und ich bin ein Oktopus."
Tim schaut diesen Oliver mit den vielen langen Armen an. Sie sehen weich aus, aber auch stark.
Und jetzt schlängeln sich die Arme langsam
in seine Richtung. Sein Instinkt meldet sich wieder.
Weg hier! Es droht Gefahr!
„Nein, ich habe einen wichtigen Termin.
Auf Wiedersehen, Oliver", ruft er zurück.
Tim schwimmt so schnell er kann in die Tiefe.
Kaum ist Tim um ein Korallenriff geschwommen
und in sicherer Entfernung, sieht er dieses Ding.

Was für ein aufregendes Leben! Sein kleines Herz schlägt wie wild und er presst sich schnell zwischen die Korallen. Um sich zu verstecken.
Das komische Ding sagt nichts und lässt sich im Wasser treiben. Es pulsiert, wird größer und wieder kleiner. Und es kommt auch nur langsam voran.
‚Das Ding muss viel Zeit haben.' denkt Tim und traut sich, etwas zu sagen. „Hallo?", flüstert Tim leise, „Ich bin der Tim. Wer bist Du?" Keine Antwort. Es pulsiert und blubbert still vor sich hin. ‚Gut', denkt Tim, ‚es hat keine Augen und keinen Mund. Und da er durch seinen Kopf
etwas hindurchsehen kann, auch kein Gehirn. Es ist einfach da.' Tim beruhigt sich.
Dann sieht er noch mehr von diesen glibberigen Dingern. Sie tun ihm nichts. Sie schweben einfach still an ihm vorbei und sehen dabei irgendwie hübsch aus. Und friedlich. Viele Jahre später wird Tim von anderen Meeresschildkröten erfahren, dass diese Dinger Quallen sind. Die meisten Quallen sind harmlos. Nur wenige Arten sind giftig, wenn man ihre Tentakel anfasst. Es ist klug von Tim, lieber etwas Abstand zu ihnen zu halten.
Tim taucht noch viel tiefer hinab in den Ozean.

Es wird immer dunkler. Auch hier gibt es viele
Lebewesen. Etwas leuchtet kurz auf. In Lila und Gelb.
Und mit ziemlich bunten Flecken in allen möglichen
Farben. Es hat eine tiefe Stimme.
„Bin ich ein Männchen, bin ich ein Weibchen?
Was bin ich denn nur? Bin ich beides?
Ich bin bunt. Hahaha."„Huhu! Also, ich bin der Tim.
Ich bin ein Junge", ruft Tim. „Haaa, hahaha. Warte.
Ich bin ein Männchen, ich bin ein Weibchen. Guckst Du.
Das sind Eier da in meinem Bauchbeutel."
Das Seepferdchen zeigt seinen Eierbeutel und Tim
guckt hinein. Tatsächlich, da sind kleine Eier drin.
„Geht es Dir gut? Du scheinst ziemlich aufgeregt
zu sein. Wie heißt Du denn?", fragt Tim.
„Ich habe keinen Namen. Ich habe Pronomen."
„Was ist denn das?", fragt Tim erstaunt.
„Was ich eben bin. Männchen. Weibchen.
Meine Pronomen sind: Mä/Wei. Ich mache die Babys,
ich trage sie aus. Ich muss weiter. Es war schön,
Dich kennenzulernen. Auf Wiedersehen, kleiner Tim!"
Tim findet, dass es anstrengend sein muss,
nicht so genau zu wissen, wer und was man ist.
Und so viele Aufgaben zu haben.
Und Vater und Mutter gleichzeitig zu sein.

Tim lernt schnell, welche anderen Fische, krebsartige, weichteilige Wesen und was da noch so schwimmt, für ihn gefährlich sind und welche Tiere nicht. Deshalb schwimmt Tim meist zwischen den Korallenriffen herum und beobachtet die vielen bunten Fische.
Sie sind so hübsch! Oder er versteckt sich in den hohen Seegraswiesen am Boden, die übrigens sehr lecker sind und wovon er sich ernährt.
Tim ist die meiste Zeit ein Vegetarier. Das Seegras ist sehr nahrhaft und Tim wird schnell größer.
Sein Panzer wird auch dicker und das hilft ihm, dass kleinere Räuber ihn nicht mehr fressen können. Und seinen Kopf kann er natürlich auch bei Gefahr einziehen. Wie alle Schildkröten das können.
Zum Glück hat noch kein anderes Lebewesen versucht, ihn zu fressen. Tim ist immer schnell vor den hungrigen Mitbewohnern weggeschwommen.
Die Zeit vergeht wie im Flug. Und Tim wächst und wächst. Und er ist viel kräftiger geworden und kann jetzt viel schneller schwimmen.
Er ist mittlerweile ganze zwanzig Zentimeter groß.
Tim hat gelernt, die Meeresströmungen zu benutzen. Die sind wie eine Bahn, nur unsichtbar. Möchte er in eine neue Gegend ziehen, braucht er nur hineintauchen.

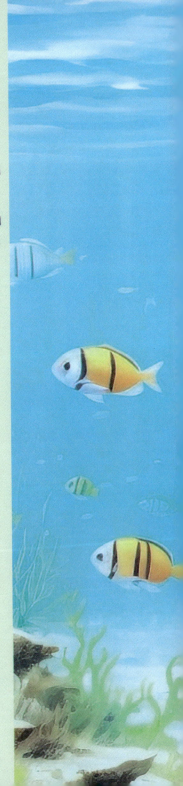

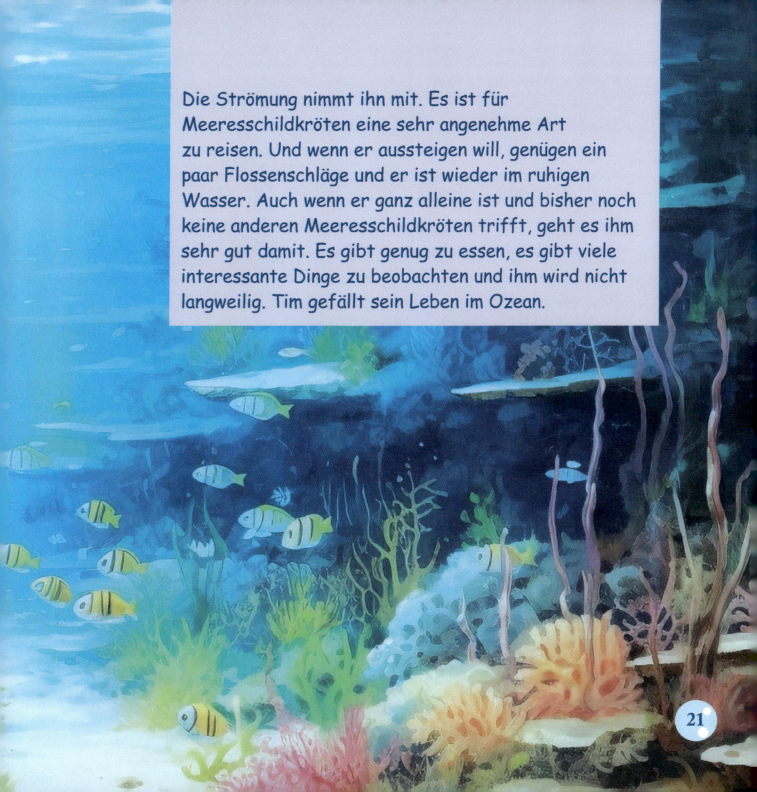

Die Strömung nimmt ihn mit. Es ist für Meeresschildkröten eine sehr angenehme Art zu reisen. Und wenn er aussteigen will, genügen ein paar Flossenschläge und er ist wieder im ruhigen Wasser. Auch wenn er ganz alleine ist und bisher noch keine anderen Meeresschildkröten trifft, geht es ihm sehr gut damit. Es gibt genug zu essen, es gibt viele interessante Dinge zu beobachten und ihm wird nicht langweilig. Tim gefällt sein Leben im Ozean.

Tim schläft sehr gerne an der Oberfläche. Über ihm ist der Sternenhimmel und die Wellen schaukeln ihn sanft. Und sie schieben ihn in die eine oder andere Richtung. Doch heute früh ist etwas anders.
Es ist kalt geworden. Tim öffnet schläfrig seine Augen und sieht sich um. Dann möchte er tauchen. Und erschreckt sich, es geht nicht! Er kann sich nicht richtig bewegen. Das geht bloß ganz, ganz langsam. Reptilien brauchen Wärme. Ist es zu kalt, werden die Muskeln ganz steif. So ab zehn Grad Celsius passiert das. Tim guckt sich träge um. Niemand ist da.
Dann guckt er unter Wasser. Er hört jemanden ganz laut lachen. Flihihihipeeheeeppper
„Hilfe! Ich könnte hier Hilfe gebrauchen", ruft Tim.
„Wer bist Du denn?", fragt der Delfin.
„Tim, Tim Turtel und ich hänge hier fest. Ich kann mich nicht bewegen!", antwortet er.
„Kältestarre. So so", sagt ein zweiter Delfin, welcher hinzugekommen ist.
„Das kann uns zum Glück nicht passieren. Wir sind Säugetiere. Wir halten uns selbst warm."
Sie schwimmen um ihn herum und Tim bekommt etwas Angst.
„Helft ihr mir jetzt bitte?", fleht er sie an.

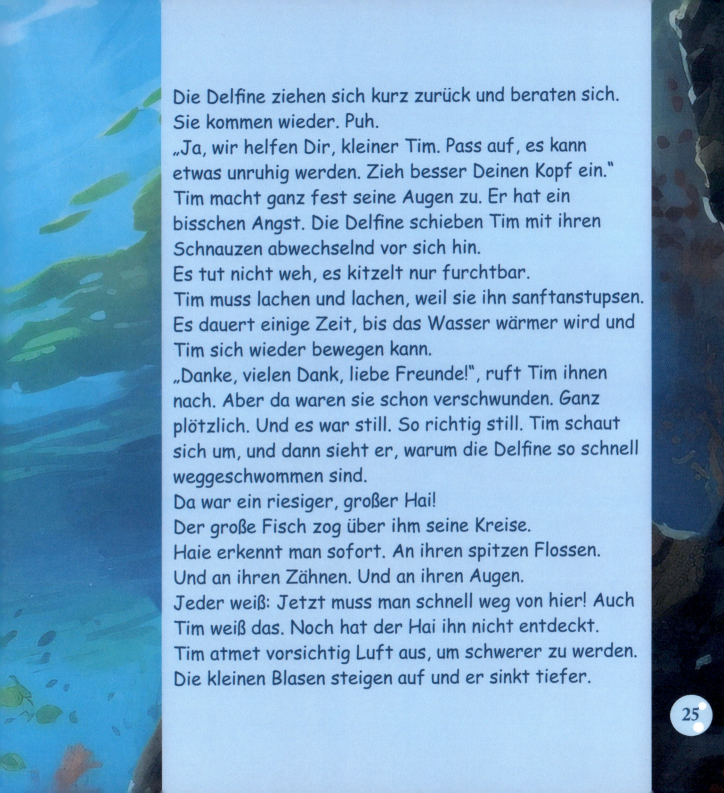

Die Delfine ziehen sich kurz zurück und beraten sich.
Sie kommen wieder. Puh.
„Ja, wir helfen Dir, kleiner Tim. Pass auf, es kann etwas unruhig werden. Zieh besser Deinen Kopf ein."
Tim macht ganz fest seine Augen zu. Er hat ein bisschen Angst. Die Delfine schieben Tim mit ihren Schnauzen abwechselnd vor sich hin.
Es tut nicht weh, es kitzelt nur furchtbar.
Tim muss lachen und lachen, weil sie ihn sanft anstupsen.
Es dauert einige Zeit, bis das Wasser wärmer wird und Tim sich wieder bewegen kann.
„Danke, vielen Dank, liebe Freunde!", ruft Tim ihnen nach. Aber da waren sie schon verschwunden. Ganz plötzlich. Und es war still. So richtig still. Tim schaut sich um, und dann sieht er, warum die Delfine so schnell weggeschwommen sind.
Da war ein riesiger, großer Hai!
Der große Fisch zog über ihm seine Kreise.
Haie erkennt man sofort. An ihren spitzen Flossen.
Und an ihren Zähnen. Und an ihren Augen.
Jeder weiß: Jetzt muss man schnell weg von hier! Auch Tim weiß das. Noch hat der Hai ihn nicht entdeckt.
Tim atmet vorsichtig Luft aus, um schwerer zu werden.
Die kleinen Blasen steigen auf und er sinkt tiefer.

Unter ihm ist ein Korallenriff. Da will er hin. Der Hai über ihm scheint mit seinen Gedanken woanders zu sein. Vielleicht schläft er, denn Haie schlafen beim Schwimmen. Auch komisch, oder? Tim kann das nicht. Vorsichtig bewegt Tim seine Flossen und sinkt noch tiefer. Er lässt sich in den Sand fallen, dreht sich langsam herum und schaut nach oben. Mist, da kommt ein zweiter Hai! Tim paddelt ganz langsam hinter eine große Koralle. Und da wartet er. Zehn Minuten. Zwanzig Minuten. Die Haie ziehen über ihm noch immer ihre Kreise. Die Luft wird Tim knapp. Aber er kann jetzt nicht auftauchen. Zunächst müssen die Haie wegschwimmen. Er hört ein Brummen, das immer lauter wird. Ein großer Schatten kommt an der Oberfläche herangerast. Super schnell und laut! Die Haie ergreifen die Flucht. Dieses große Ding macht einen unheimlichen Krach und ist sehr schnell. So schnell, dass es bald nicht mehr zu hören ist. Was war das bloß?
Tim möchte nicht auftauchen, aber er braucht dringend frische Luft. Die beiden Haie können wiederkommen. Oder dieses laute schwarze Ding. Und deshalb möchte Tim hier weg, sich unten durch Korallen und Seegras schleichen. Es nützt nichts. Er muss auftauchen.
Tim schließt seine Augen und schwimmt einfach los.

Doch an der Oberfläche angekommen, sieht Tim nichts. Kein schwarzes Ding und zum Glück auch keinen Hai. Nur Wasser, Wellen und den blauen Himmel über sich, auf dem vereinzelt weiße kleine Wolken tanzen.
Er nimmt ein paar kräftige Atemzüge und füllt seine Lungen wieder auf. Die ganze Aufregung hat Tim hungrig gemacht. Auf zur nächsten Seegraswiese!
Er taucht ab. Am Meeresgrund angekommen, verputzt Tim eine große Menge Seegras. Es ist frisch und saftig.
„Manta, Manta!"
Tim hebt seinen Kopf. Woher kam das?
„Manta, Manta!", ruft es direkt hinter ihm.
Tim dreht sich um.
„Manta, Manta! Aus dem Weg, Kleiner! Haha, hier komme ich!"
Tim sieht nur noch den riesigen Schatten von diesem riesigen Fisch. Das war doch ein Fisch, oder nicht?
Ein Flossenschlag, und dieser Fisch hat riesige Flossen, und Tim wirbelt durch die Strömung einmal um die eigene Achse herum.
„Kannst Du nicht aufpassen und etwas vorsichtiger sein?", ruft Tim ihm hinterher.
„Manta, Manta?", der sanfte Riese wendet und kommt auf ihn zu. Dann schwebt er über ihm.

Tim bekommt schon ein bisschen Angst.
„Wer redet da mit mir? Manta, Manta!", fragt
der Riese.
„Hier unten, ich! Ich heiße Tim, Tim Turtel.
Du kannst doch nicht einfach so durch das Wasser
düsen. Das ist doch gefährlich."
„Hallo, ich bin Manni. Was glaubst Du, weshalb ich
Manta, Manta sage? Damit Du aus dem Weg gehst,
Kleiner.",,Ja, aber, aber …", stottert Tim.
Tim überlegt kurz: „Du bist so schnell, dass dafür die
Zeit nicht ausreicht. Abgesehen davon habe ich so
einen wie Dich noch nie hier gesehen."
Der sanfte Riese steht jetzt im Wasser und sinkt.
Ein bisschen sieht er aus wie ein Fahrstuhl.
„Manta, Manta! Tim, ich bin ein Mantarochen."
Und er fügt hinzu: „Und wir machen das so.
Was tust Du hier überhaupt? Dich habe ich hier
nämlich auch noch nie gesehen."
Tim ist das jetzt ein bisschen peinlich, denn da hat der
Manta Manni recht. „Ja, entschuldige. Ich bin neu hier."
„Manta, Manta! Gut, dann weißt Du jetzt, wenn ich rufe,
musst Du ein Stück beiseite schwimmen. Ich muss mich
viel bewegen, ich brauche nämlich viel Plankton. Das
siebe ich aus dem Wasser. Plankton sind winzige Algen.

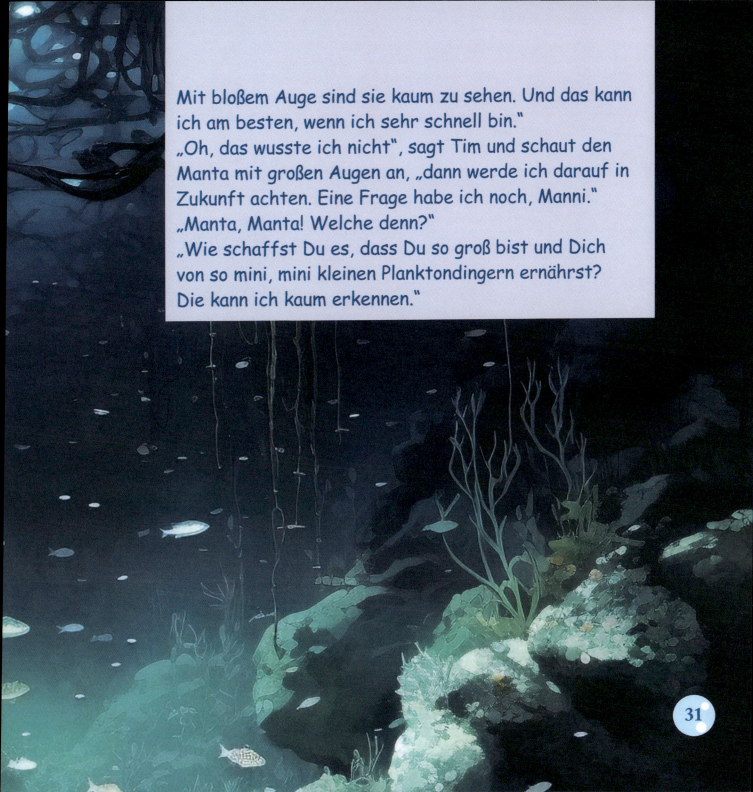

Mit bloßem Auge sind sie kaum zu sehen. Und das kann ich am besten, wenn ich sehr schnell bin."

„Oh, das wusste ich nicht", sagt Tim und schaut den Manta mit großen Augen an, „dann werde ich darauf in Zukunft achten. Eine Frage habe ich noch, Manni."

„Manta, Manta! Welche denn?"

„Wie schaffst Du es, dass Du so groß bist und Dich von so mini, mini kleinen Planktondingern ernährst? Die kann ich kaum erkennen."

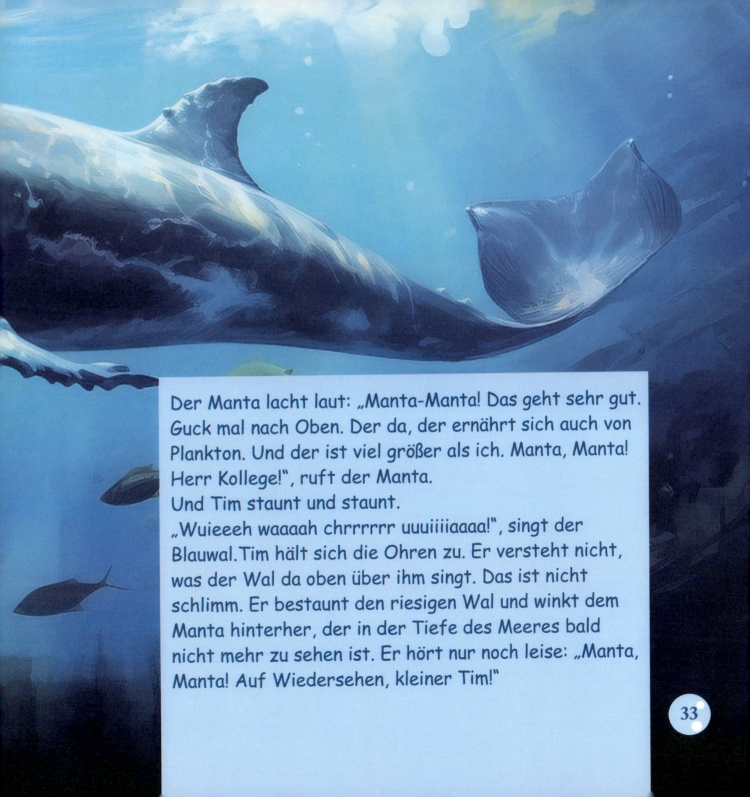

Der Manta lacht laut: „Manta-Manta! Das geht sehr gut. Guck mal nach Oben. Der da, der ernährt sich auch von Plankton. Und der ist viel größer als ich. Manta, Manta! Herr Kollege!", ruft der Manta.
Und Tim staunt und staunt.
„Wuieeeh waaaah chrrrrrr uuuiiiiaaaa!", singt der Blauwal. Tim hält sich die Ohren zu. Er versteht nicht, was der Wal da oben über ihm singt. Das ist nicht schlimm. Er bestaunt den riesigen Wal und winkt dem Manta hinterher, der in der Tiefe des Meeres bald nicht mehr zu sehen ist. Er hört nur noch leise: „Manta, Manta! Auf Wiedersehen, kleiner Tim!"

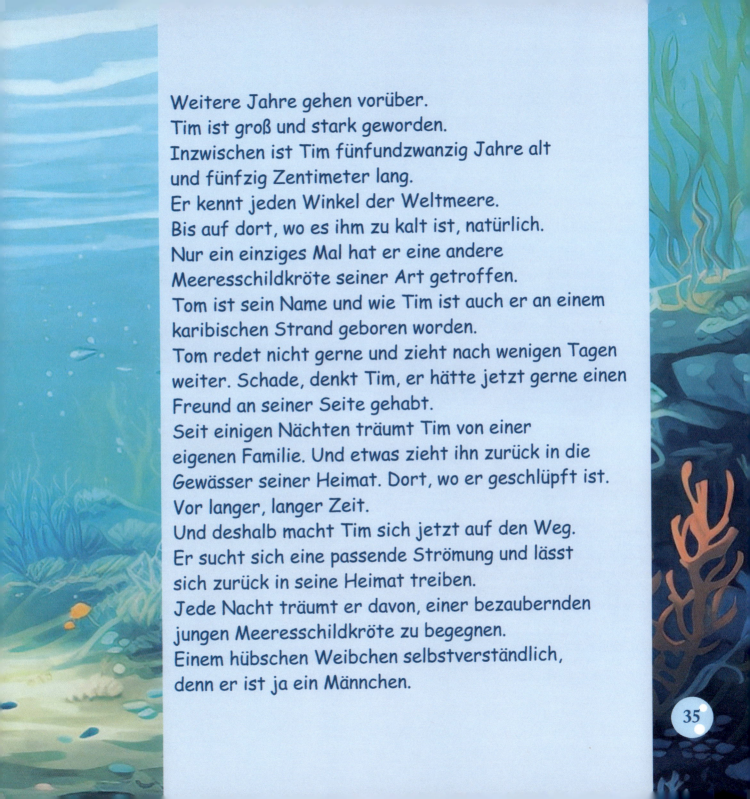

Weitere Jahre gehen vorüber.
Tim ist groß und stark geworden.
Inzwischen ist Tim fünfundzwanzig Jahre alt
und fünfzig Zentimeter lang.
Er kennt jeden Winkel der Weltmeere.
Bis auf dort, wo es ihm zu kalt ist, natürlich.
Nur ein einziges Mal hat er eine andere
Meeresschildkröte seiner Art getroffen.
Tom ist sein Name und wie Tim ist auch er an einem
karibischen Strand geboren worden.
Tom redet nicht gerne und zieht nach wenigen Tagen
weiter. Schade, denkt Tim, er hätte jetzt gerne einen
Freund an seiner Seite gehabt.
Seit einigen Nächten träumt Tim von einer
eigenen Familie. Und etwas zieht ihn zurück in die
Gewässer seiner Heimat. Dort, wo er geschlüpft ist.
Vor langer, langer Zeit.
Und deshalb macht Tim sich jetzt auf den Weg.
Er sucht sich eine passende Strömung und lässt
sich zurück in seine Heimat treiben.
Jede Nacht träumt er davon, einer bezaubernden
jungen Meeresschildkröte zu begegnen.
Einem hübschen Weibchen selbstverständlich,
denn er ist ja ein Männchen.

„Na Du?", tönt es über ihm.
Tim schaut nach oben. Seine Stimme ist jetzt
auch viel tiefer geworden. Fast wie die vom Manta.
„Na, wer bist Du denn? Schön, Dich zu treffen.
Ich bin der Tim, Tim Turtel", sagt er.
„Du bist auf Freiersfüßen. Das sieht man Dir an.",
das Rochenmädchen kicherte, „Ich bin die Rita."
„Und was geht es Dich an, Rita?", brummt er zurück.
„Ach, komm, Tim. Wir wissen beide, wohin Du willst.
Und ich wünsche Dir von Herzen viel Erfolg.
Weißt Du überhaupt, wie Du eine
Meeresschildkrötendame von Dir begeistern kannst?"
Tim überlegt einen Moment. Dann antwortet er ruhig:
„Das wird mein Instinkt schon wissen, Rita. Der hat
mir bis heute noch in jeder Situation geholfen."
„Na, wenn Du meinst, dass das reicht aus."
Rita lächelt Tim mit einem Augenaufschlag an.
„Ja, ich meine, dass das reicht, Rita.
Vielleicht ist das auch nur bei euch Rochenmädchen
so kompliziert."
Tim grinst Rita breit an.
„Püh, so eine Unverschämtheit", zischt Rita,
und buddelt sich tief in den Sand ein.
Wie Rochen das gerne tun, wenn sie beleidigt sind.

Tim ist jetzt fast am Ziel angekommen.
Und er denkt viel über das nach, was Rita zu ihm gesagt hat. Wie lernt ein Meeresschildkrötenmann bloß eine Meeresschildkrötenfrau kennen?
Und wie weiß er, dass sie ihn auch mag?
Woher weiß er, dass er sie mag?
Muss er ihr einen Strauß frisches Seegras mitbringen?
Oder ihr ein Lied vorsingen?
Tim hat absolut keine Ahnung, was er tun soll.
Deshalb versteckt er sich eine Weile.
Bis ihm etwas einfällt. Hofft er.
Tim versucht zu schlafen, aber es will ihm nicht gelingen.
Auch Hunger hat er keinen.
Es treibt ihn etwas an, weiter zu schwimmen.
Gleichzeitig möchte er aber nicht weiter.
Tim möchte sich lieber vergraben vor Unsicherheit.
Doch er ist kein Rochen und auch kein Wal,
der ohne Mühe bis unter die dicken Eisschollen
des Nordpols tauchen kann. Um sich dort zu verstecken.
Aber sein Instinkt flüstert, endlich weiter zu schwimmen.
Zu seinem Strand. Dem Strand, wo er geboren wurde.
Vor fünfundzwanzig Jahren.
Er macht sich unsicher weiter auf den Weg und versucht, auf seinen Instinkt zu vertrauen.

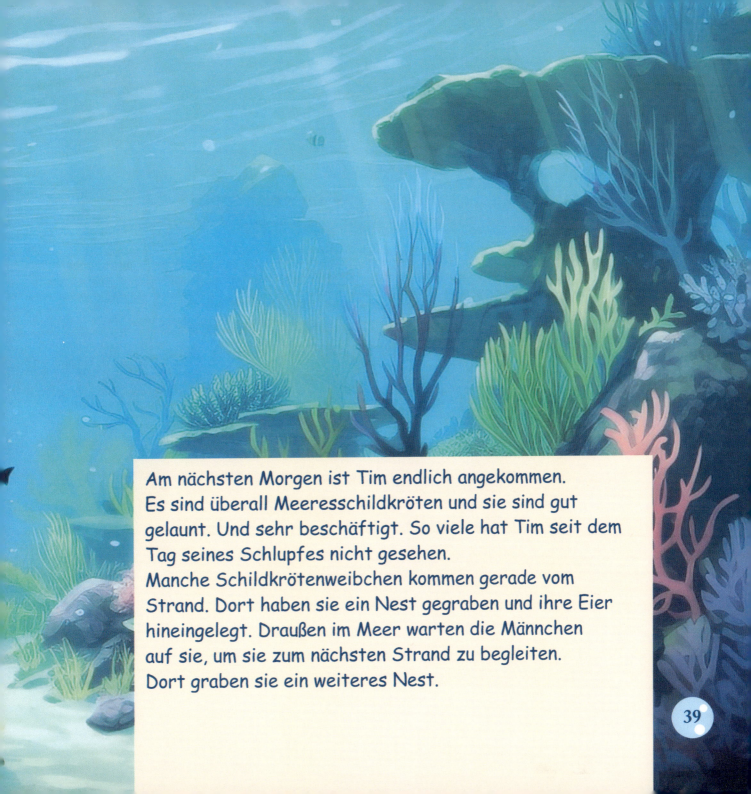

Am nächsten Morgen ist Tim endlich angekommen. Es sind überall Meeresschildkröten und sie sind gut gelaunt. Und sehr beschäftigt. So viele hat Tim seit dem Tag seines Schlupfes nicht gesehen.
Manche Schildkrötenweibchen kommen gerade vom Strand. Dort haben sie ein Nest gegraben und ihre Eier hineingelegt. Draußen im Meer warten die Männchen auf sie, um sie zum nächsten Strand zu begleiten. Dort graben sie ein weiteres Nest.

Und dann sieht Tim sie:
Tamina Tortuga.
Sie ist eine Schönheit aus dem mexikanischen Golf.
Tamina lächelt Tim an.
Sein Instinkt sagt ihm genau, was zu tun ist.
Und die beiden Meeresschildkröten schwimmen
zusammen ins Meer. Ohne ein Wort zu sagen.
Beide wissen ganz genau, was zu tun ist und es
ist ihr Geheimnis.
Tim begleitet Tamina die ganze Zeit über und weicht
nicht von ihrer Seite.
Tamina und Tim schwimmen von Strand zu Strand
an der Karibikküste entlang und
Tamina legt jedes Mal wieder Eier in ein Nest aus Sand.
Zwei Monate später werden aus jedem Nest fast
einhundert kleine Schildkrötenbabys schlüpfen.
Vielleicht wird eine kleine Meeresschildkröte von
ihnen Tim oder Tamina heißen?
Tim kommt ab jetzt jedes Jahr an seinem Strand
zurück und wird nach Tamina Tortuga Ausschau halten.
Und Tim Turtel wird auf sie im Meer warten.
Tim geht zu jedem seiner Nester und flüstert
den Eiern zu: „Traut euren Instinkten, und hört
auf euer Bauchgefühl!"

Eichkater Fluff

Fluff ist der flauschigste Eichkater, den die Welt je gesehen hat und er ist noch klein und furchtbar niedlich.

Das hält ihn nicht davon ab, ein großes Abenteuer im Wald zu erleben, weil er nicht auf seine Eltern hören will und alleine in den Wald läuft.

Im Wald findet er neue Freunde, wie den Fuchs Stups und Schneeball, das Kaninchen.

Fluff muss sich aber auch gegen freche halbstarke Waschbären behaupten und eine Nacht alleine im Wald verbringen.

Empfehlung:
Ein Vorlesebuch für Kinder ab 3 Jahren
Als Selbstlesebuch für Kinder ab 7 Jahren

Demnächst erhältlich:

ISBN 978-3-911121-02-6

Anmerkung: Die Leerseiten am Ende des Buches sind dem Produktionsprozess geschuldet.

Printed in Poland
by Amazon Fulfillment
Poland Sp. z o.o., Wrocław